Toufik Bellal

# Expression d'une politique de sécurité dans un réseau social

Toufik Bellal

# Expression d'une politique de sécurité dans un réseau social

Éditions universitaires européennes

**Impressum / Mentions légales**
Bibliografische Information der Deutschen Nationalbibliothek: Die Deutsche Nationalbibliothek verzeichnet diese Publikation in der Deutschen Nationalbibliografie; detaillierte bibliografische Daten sind im Internet über http://dnb.d-nb.de abrufbar.
Alle in diesem Buch genannten Marken und Produktnamen unterliegen warenzeichen-, marken- oder patentrechtlichem Schutz bzw. sind Warenzeichen oder eingetragene Warenzeichen der jeweiligen Inhaber. Die Wiedergabe von Marken, Produktnamen, Gebrauchsnamen, Handelsnamen, Warenbezeichnungen u.s.w. in diesem Werk berechtigt auch ohne besondere Kennzeichnung nicht zu der Annahme, dass solche Namen im Sinne der Warenzeichen- und Markenschutzgesetzgebung als frei zu betrachten wären und daher von jedermann benutzt werden dürften.

Information bibliographique publiée par la Deutsche Nationalbibliothek: La Deutsche Nationalbibliothek inscrit cette publication à la Deutsche Nationalbibliografie; des données bibliographiques détaillées sont disponibles sur internet à l'adresse http://dnb.d-nb.de.
Toutes marques et noms de produits mentionnés dans ce livre demeurent sous la protection des marques, des marques déposées et des brevets, et sont des marques ou des marques déposées de leurs détenteurs respectifs. L'utilisation des marques, noms de produits, noms communs, noms commerciaux, descriptions de produits, etc, même sans qu'ils soient mentionnés de façon particulière dans ce livre ne signifie en aucune façon que ces noms peuvent être utilisés sans restriction à l'égard de la législation pour la protection des marques et des marques déposées et pourraient donc être utilisés par quiconque.

Coverbild / Photo de couverture: www.ingimage.com

Verlag / Editeur:
Éditions universitaires européennes
ist ein Imprint der / est une marque déposée de
OmniScriptum GmbH & Co. KG
Heinrich-Böcking-Str. 6-8, 66121 Saarbrücken, Deutschland / Allemagne
Email: info@editions-ue.com

Herstellung: siehe letzte Seite /
Impression: voir la dernière page
ISBN: 978-3-8416-6143-2

# Remerciements

D'ABORD je tiens à exprimer mes plus vifs remerciements à mon promoteur $M^r$ Eric COUSIN pour sa disponibilité, les nombreux conseils, orientations et encouragements qu'il a su me prodiguer durant mon stage à Telecom Bretagne. J'ai découvert grâce à lui le monde des réseaux sociaux.

Je voudrais également exprimer mes sincères remerciements à $M^r$ Frederic CUPPENS et $M^{me}$ Nora CUPPENS

Merci à tous qui ont contribué de prés ou de loin, à la réalisation de ce travail.

# Table des matières

i

# LISTE DES FIGURES

# LISTE DES TABLEAUX

# INTRODUCTION GÉNÉRALE

L ES services de réseautage social en ligne, ou plus communément réseaux sociaux (RS), ou encore Social Network Services en anglais, sont rapidement entrés dans notre vie et nos habitudes. C'est une nouvelle façon très efficace et puissante de garder le contact avec ses connaissances ou de rentrer en contact avec des personnes que nous souhaitons connaître pour diverses raisons (*rencontre, travail, information,...*).

Aujourd'hui, les gens peuvent travailler, organiser, collaborer, partager leurs histoires, se faire des amis ; être entendus et exprimer leur créativité en ligne. Internet est un lieu permettant de trouver et de lire les informations, mais devient de plus en plus un moyen de se réaliser et de grandir. Cette nouvelle frontière donne aux gens la possibilité d'être découverts sur la base de leur talent et la valeur de leur travail. Cela permet d'influencer la volonté des masse.

La gestion de la confidentialité des informations personnelles et professionnelles partagées au sein d'un RS, peut être très variable. Lorsqu'il introduit une nouvelle donnée dans son espace personnel, l'utilisateur a le choix entre la rendre complètement publique ou la réserver à ses amis. D'autres niveaux de proximité sont parfois proposés : les amis des amis, le réseau, etc.

La gestion de confidentialité se complique lorsqu'il s'agit de gérer des informations interdépendantes, comme par exemple un commentaire fait sur un document déposé par une autre personne. De manière générale, plus la variété des informations gérées par le service est grande, plus le besoin de contrôler l'accès est grand. Notre projet s'inscrit dans la cadre de la préservation de la vie privée des utilisateurs au sein d'un RS.

Dans ce rapport nous allons, dans un premier temps, présenter les modèles de contrôle d'accès de base : DAC, MAC, RBAC . Nous verrons ensuite dans le deuxième chapitre la nécessité d'abstraire les règles de la politique de sécurité, pour une gestion plus aisée des droits d'accès se prêtant moins aux erreurs et aux incohérences et cela avec une présentation du modèle OrBAC. Nous étudierons dans le troisième chapitre comment modéliser la politique de sécurité au sein d'un RS avec OrBAC, et dans le dernier chapitre nous verrons quelques cas d'utilisabilité dans un réseau social.

Une conclusion générale viendra clore ce travail résumant les grands points qui ont été abordés dans ce rapport, ainsi que les perspectives que l'on souhaite traiter prochainement.

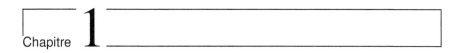

Chapitre 1

# Modèles de contrôle d'accès

## 1.1 Introduction

L'une des exigences majeures du partage des données entre plusieurs utilisateurs au sein d'un RS est la protection de ces données contre des atteintes à la confidentialité (*divulgations d'information non autorisées*), contre des atteintes à l'intégrité (*modifications non autorisées*) et contre des atteintes à la disponibilité (*déni de service*). Afin d'assurer cette protection, chaque accès aux données doit être contrôlé et bien évidemment tous les accès non autorisés doivent être impérativement bloqués. Cela est appelé le contrôle d'accès. Le développement d'un modèle de contrôle d'accès repose sur la définition de politiques de contrôle d'accès qui déterminent qui a le droit d'effectuer quelle action sur quelle donnée. Le modèle veille à ce que les données ne soient accessibles que par des utilisateurs ayant le droit d'y accéder.

## 1.2 Le contrôle d'accès discrétionnaire

DAC (*Discretionary Access Control*) a été proposé par *Lampson* [1] et popularisé par le système d'exploitation UNIX. Dans ce modèle ce sont les utilisateurs qui attribuent les permissions sur les ressources qu'ils possèdent. Ils définissent librement les droits d'accès pour eux, le groupe et les autres utilisateurs. Ce type de mécanisme est utilisé principalement dans les systèmes d'exploitation modernes.

Les permissions sont représentées par une matrice, dans laquelle chaque ligne correspond à un utilisateur et chaque colonne à une ressource. Le contenu de chaque élément de cette matrice définit les droits d'accès (*lecture, écriture et exécution*) pour l'utilisateur sur la ressource [2]. La mise en œuvre de ce modèle est coûteuse en mémoire lorsque le nombre des utilisateurs est important. Alors le regroupement des utilisateurs peut être envisagé afin de limiter la taille de la matrice , par exemple en utilisant le concept de rôles, comme présenté plus loin dans le modèle par rôles.

| | Objet 1 | Objet 2 | ... | Objet n |
|---|---|---|---|---|
| Sujet 1 | *Lire* | | | |
| Sujet 2 | | *Ecrire* | | *Lire* |
| ... | | | | |
| Sujet n | | | *Exécution* | |

TABLE 1.1 – Matrice de permissions DAC

## 1.3 Le contrôle d'accès mandataire

Le concept MAC (*Mandatory Access Control*) a été introduit par *Bell et LaPadula* [3], il est utilisé principalement dans les environnements militaires à cause de son contrôle centralisé et il permet à l'administrateur du système de définir des privilèges pour protéger la confidentialité et l'intégrité des ressources dans le système.

Le contrôle d'accès est dit mandataire (ou obligatoire) lorsque l'accès aux objets est basé sur le niveau de sensibilité de l'information (*Figure 1.1*) contenue dans les objets. L'autorisation d'accéder à un objet [1] est accordée à un sujet [2] si le niveau d'autorisation de ce sujet est en accord avec le niveau de sensibilité de l'information [4]. Le modèle MAC

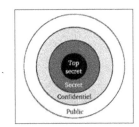

FIGURE 1.1 – Les niveaux de sensibilité dans le modèle MAC.

attribue un niveau de sécurité à chaque utilisateur et à chaque ressource. On accorde

---

1. ressource de système
2. utilisateur de système

l'accès à un utilisateur seulement si son niveau de sécurité est supérieur ou égal au niveau de la ressource à laquelle il veut accéder.

Les règles diffèrent selon qu'il s'agisse de maintenir des propriétés de confidentialité ou d'intégrité. Les politiques obligatoires les plus fréquemment utilisées sont les politiques multi-niveaux. Ces politiques reposent sur des classes de sécurité affectées aux informations et des niveaux des habilitations affectées aux utilisateurs [4].

Un système supportant une politique de contrôle d'accès obligatoire peut être utilisé aisément dans une administration centralisée [4]. Par contre, il n'est pas recommandé pour les environnements distribués, les utilisateurs n'ont pas suffisamment de privilèges pour gérer leurs propres besoins de confidentialité, notamment ceux concernant la vie privée [2].

## 1.4 Le contrôle d'accès basé sur les rôles

### 1.4.1 Présentation du modèle RBAC

RBAC (*Role Based Access Control*) présenté dans [5] est à l'origine du concept de rôle. Le rôle est une notion permettant de décrire facilement les fonctionnalités des organisations. Un rôle désigne une entité intermédiaire entre utilisateurs et privilèges. On associe à chaque rôle un ensemble de permissions. Tous les sujets ayant reçu l'autorisation de jouer un rôle héritent alors des permissions associées à ce rôle, la *Figure 1.2* illustre ce modèle. L'utilisation de la notion de rôle apporte un certain nombre d'avantages. La compréhension de la structure de l'organisation est facilitée. La complexité de gestion des droits d'accès est réduite. Les rôles peuvent êtres organisés de manière à former une hiérarchie [6] permettant ainsi de raffiner les différentes permissions attribuées à chaque rôle.

L'avantage vis-à-vis d'un modèle discrétionnaire, est la possibilité de structurer la politique de sécurité. Notamment par la hiérarchisation des rôles ; avec RBAC on peut organiser les rôles de façon hiérarchique, chaque rôle héritant des autorisations des rôles qui lui sont hiérarchiquement inférieurs.

Ainsi les politiques à base de rôles sont plus faciles à administrer. En effet, l'intégration de nouveaux utilisateurs, la gestion des permissions ou même la définition de nouveaux objectifs dans la politique de sécurité ne nécessitent que des modifications ponctuelles.

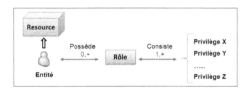

FIGURE 1.2 – modèle RBAC.

### 1.4.2 Les limites du modèle RBAC

Cependant, le contrôle d'accès basé sur les rôles est insuffisant pour satisfaire tous nos besoins en terme de protection. L'un des problèmes majeurs de ce modèle est le fait que tous les utilisateurs associés au même rôle possèdent forcément les mêmes privilèges. Ceci réduit la flexibilité des politiques de sécurité. En effet, l'expression des aspects contextuels liés aux autorisations d'accès n'est pas présent dans le modèle RBAC, on constate une confusion entre rôle et organisation. On peut seulement exprimer les permissions(*pas d'interdiction*), ce qui entraîne une gestion complexe des exceptions.

## 1.5 Conclusion

Dans ce chapitre, on a fait un aperçu sur les modèles de contrôle d'accès de base, à savoir les modèles DAC, MAC et RBAC, qui structurent les sujets, soit en fonction de la confiance qu'on leur accorde, soit en fonction de leurs rôle. En effet, la gestion et l'administration d'une politique de contrôle d'accès deviennent vite ardues si le système d'informations comporte un grand nombre de sujets, d'actions et d'objets comme le cas d'un RS.

Ces modèles classiques de contrôle d'accès, ne permettent pas d'exprimer ni les aspects contextuels liés aux autorisations, ni les interdictions et les obligations, qui sont utiles pour la gestion de la confidentialité au sein d'un réseau social.

Ces imperfections constatées dans ces modèles ont été corrigées dans le modèle OrBAC qu'on va présenter dans le chapitre suivant.

Chapitre 2

# Le modèle OrBAC

## 2.1  Présentation

Le contrôle d'accès basé sur l'organisation OrBAC (*Organization-Based Access Control*) a été présenté pour la première fois en 2003 [7]. Il reprend les principes de rôles des modèles du type RBAC, en offrant en plus la possibilité de modifier la politique de sécurité de façon dynamique en fonction d'un contexte. Dans OrBAC, la possibilité d'exprimer des permissions, des obligations et des interdictions qui dépendent de contextes est un élément qui va vers une plus grande expressivité.

L'abstraction des entités traditionnelles du contrôle d'accès (*sujet, action, objet*) en méta entités (*rôle, activité, vue*) permet d'élaborer une politique de sécurité à deux niveaux, un niveau concret et un niveau abstrait [8].

L'introduction d'un niveau abstrait organisationnel permet aussi la structuration des entités comme on le voit sur la *Figure 2.1* : Nous obtenons alors une politique de sécurité à deux niveaux, le modèle OrBAC permet ainsi d'établir une politique de sécurité abstraite (rôle, activité, vue) indépendante des choix d'implémentation (sujet, action, objet).

Pour définir les relations correspondantes aux permissions, On appelle *Est_permis* la relation entre un sujet, une action et un objet :

**Est_permis** *( Sujet, Action, Objet)*

De telles règles de contrôle d'accès sont concrètes, et sont similaires aux règles de contrôles

7

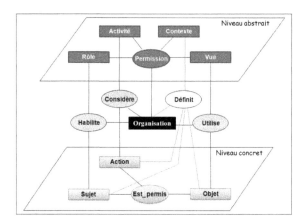

FIGURE 2.1 – Le modèle OrBAC.

d'accès obtenues dans le modèle DAC par exemple. On appelle Permission la relation abstraite entre un rôle, une activité et une vue. L'organisation dans laquelle une permission est valide est aussi indiquée dans la relation :

**Permission** *(Organisation, Rôle, Activité, Vue)*

Cette relation signifie que l'organisation donne la permission à un rôle de réaliser une activité sur une vue. L'objectif dans OrBAC est de rédiger la politique de sécurité à l'aide de permissions abstraites. Les permissions concrètes sont alors dérivées des permissions abstraites. La règle de dérivation est la suivante :

**Si**   **Permission** (Organisation, Rôle, Activité, Vue) **et**
      **Habilite** (Organisation, Sujet, Rôle) **et**
      **Considère** (Organisation, Action, Activité) **et**
      **Utilise** (Organisation, Objet, Vue)
**Alors**  **Est_permis** (Sujet, Action, Objet)

La relation *Est_permis* modélise les permissions concrètes entre les sujets, les objets et les actions, par exemple : si **s** est un sujet, **a** est une action et **o** est un objet, alors *Est_permis*(s, a, o) signifie que le sujet **s** a la permission de réaliser l'action **a** sur l'objet **o**.

Contrairement au modèle *DAC*, les modèles *MAC* et *RBAC* tentent de structurer les sujets, soit en fonction de niveau de sensibilité qu'on leur accorde (*habilitation*) soit en fonction de leurs rôle. Le contrôle d'accès devient difficile si le système d'informations comporte un grand nombre d'entités. On voit ainsi, apparaître l'idée qu'il peut exister, d'un côté une forme de structuration des sujets, et de l'autre la définition de l'ensemble des règles de contrôle d'accès. Ainsi, dans un modèle *MAC*, on s'attachera dans un premier temps à définir les niveaux de confiance, puis à attribuer des permissions en fonction de ces niveaux. Dans un modèle *RBAC*, on commencera par définir l'ensemble des rôles puis on leur accordera des privilèges [8].

OrBAC permet d'exprimer une politique de sécurité au niveau organisationnel, c'est-à-dire indépendamment de l'implantation qui sera ensuite faite de cette politique. La définition d'une politique de sécurité avec OrBAC est centrée sur l'organisation qui la définit ou en a la charge. La politique implantée (*dite concrète*) est dérivée de la politique spécifiée au niveau organisationnel (*dit abstrait*). Cette approche rend toute politique exprimée dans le modèle OrBAC reproductible et évolutive. Le niveau concret est constitué de sujets, d'actions et d'objets. Le niveau organisationnel contient les rôles, les activités et les vues. Le rôle (*respectivement l'activité, la vue*) est un ensemble de sujets (*respectivement d'actions, d'objets*) sur lesquels sont appliquées les mêmes règles de sécurité.

En utilisant ce modèle, chaque organisation peut définir des règles de sécurité pour spécifier que certains rôles ont la permission, l'interdiction ou l'obligation de réaliser certaines activités sur certaines vues. Ces règles ne sont pas statiques mais leur activation dépend au contraire de conditions contextuelles. Comme une politique de sécurité peut inclure des règles de sécurité conflictuelles (*par exemple conflit entre une permission et une interdiction*), il est possible de définir des stratégies de résolution de conflits reposant sur l'affectation de priorité aux règles.

Il existe de plus un outil complet permettant de spécifier une politique de sécurité OrBAC, de la simuler, de l'analyser (*trouver les conflits entre permission et interdiction par exemple*), de l'administrer et de la déployer : Motorbac [9].

## 2.2   La notion de hiérarchie

Afin de gérer plus facilement des sous-organisations, en automatisant la dérivation des permissions, OrBAC permet de définir des hiérarchies sur les rôles, les activités, les vues et les contextes. On a ainsi l'héritage des permissions et des interdictions en descendant dans la hiérarchie des rôles, des activités, des vues et des contextes. Comme dans RBAC, il existe deux façons de définir la hiérarchie de l'héritage :

**La hiérarchie organisationnelle** : Le fournisseur d'accès au sein d'un RS est hiérarchiquement supérieur à un propriétaire d'un compte. Dans certains cas, il peut donc hériter de toutes les permissions de ce rôle (pour sauvegarder les informations de celui-ci). On dit alors que R1 est senior de R2 et R2 est junior de R1, si un utilisateur jouant le rôle R1 est supérieur hiérarchique de R2.

**La hiérarchie obtenue par la relation de spécification/généralisation** : Est définie telle que R1 est un rôle senior de R2 si chaque fois qu'un utilisateur joue le rôle de R1, il joue le rôle de R2. Par exemple sur la hiérarchie présentée sur la *Figure 2.2*, au sein d'un RS un ami est aussi un contact. Donc à chaque fois qu'un utilisateur est associé au rôle d'Ami, il joue aussi le rôle de Contact. Ami est un rôle senior du rôle Contact. Un rôle R1 senior de R2 hérite donc les permissions affectées à R2.

Dans OrBAC, ces deux hiérarchies réapparaissent mais les droits qui leur sont associés sont quelque peut modifiés. En effet, avec le modèle OrBAC, on peut définir des permissions mais aussi des interdictions. Dans OrBAC, on peut aussi spécialiser un rôle. On voit donc apparaître une hiérarchie liée à cette spécification. Dans cette hiérarchie si on veut qu'un rôle senior puisse avoir plus de pouvoir que son rôle junior, alors il faut que le rôle senior hérite des permissions de son rôle junior et que les interdictions liées au rôle senior soient héritées par son rôle junior. De plus, par rapport à RBAC, OrBAC introduit le concept d'organisation, ce qui donne une nouvelle dimension à l'héritage. En effet, il est possible qu'un rôle puisse toujours englober un certain sous-rôle quelle que soit l'organisation dans laquelle on se place.

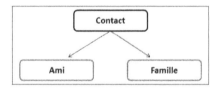

FIGURE 2.2 – Dérivation de privilèges par la hiérarchie dans OrBAC.

Un petit exemple de dérivation de privilèges par la hiérarchie dans OrBAC, sur le schéma, si on a :
**Permission** (Org.Propriétaire, Contact, Consulter, Photos, default)
alors à partir de la hiérarchie définie, on dérive automatiquement :
**Permission** (Org.Propriétaire, Ami, Consulter, Photos, default) et
**Permission** (Org.Propriétaire, Famille, Consulter, Photos, default)

# 2.3   La notion de délégation

La délégation permet de donner à un utilisateur particulier un privilège, sans donner ce privilège à toutes les personnes ayant le même rôle que lui. La délégation, bien que très utilisée, est très peu modélisée dans les politiques de sécurité car ce concept est très complexe. En effet, grâce à une délégation, une permission peut être donnée par le détenteur d'un droit à un tiers pour agir à sa place ou à la place d'un autre. On voit déjà ici apparaître qu'une délégation peut faire intervenir plusieurs parties :
- Le sujet qui possède le privilège.
- Le sujet à qui on délègue le privilège.
- Le sujet qui délègue le privilège (pour agir à sa place ou à la place d'un autre).

Il existe trois types de situation dans lesquelles la notion de délégation apparaît :
- La maintenance d'un rôle
- La décentralisation de l'autorité
- Le travail de collaboration

La maintenance d'un rôle correspond au cas où un utilisateur doit déléguer une partie de ses permissions afin qu'on puisse remplir toutes ses obligations pendant son absence. La décentralisation de l'autorité est surtout utile dans le cas où on modifie une partie de l'organisation.

Au sein d'un RS, la délégation sera utile dans le cas d'un profil professionnel, par exemple, déléguer son secrétaire qui figure dans la liste de ses amis. On trouve aussi le cas du travail en collaboration, si on souhaite que notre partenaire puisse lire les documents que l'on possède sur un projet donné, il faut lui en donner l'autorisation.

# 2.4   Apport potentiel d'OrBAC

## 2.4.1   Modèles d'autorisations dynamiques et contextuelles

Dans la pratique, de nombreuses autorisations ne sont pas statiques mais dépendent de conditions qui, si elles sont satisfaites, permettent d'activer dynamiquement les autorisations. Dans ce cas, on parle souvent d'autorisations contextuelles.

Le modèle OrBAC offre la possibilité d'exprimer des autorisations contextuelles. Pour cela, le concept de contexte est explicitement introduit dans le modèle. La définition d'un contexte correspond à une condition logique, qui permet de conclure, que l'on se trouve dans le contexte, lorsque cette condition est satisfaite [10].

Les contextes permettent d'exprimer des permissions ou des interdictions dans certaines circonstances. Cette possibilité de nuancer les autorisations n'est pas offerte par DAC, MAC, RBAC, alors que dans de nombreuses organisations (hôpital, RS,...) il existe un réel besoin de ne donner des droits que dans des circonstances précises. Pour le modéle OrBAC, les différents contextes sont regroupés par type :

- **Contexte temporel** : Ce sont des contextes régissant la durée de validité des priviléges.
- **Contexte spatial** : Il peut être lié à l'appartenance à un réseau, ou la position géographique, ou à une autre situation spatiale.
- **Contexte déclaré par l'utilisateur** : Dans des cas exceptionnels, des permissions peuvent être données alors qu'elles seraient interdites dans un cas normal.
- **Contexte prérequis** : Leur utilisation permet de contraindre les sujets concernés par les permissions ou les interdictions dépendant de ces contextes et qui viennent réduire ou étendre les droits d'accès hérités du rôle associé.
- **Contexte provisionnel** : Ce contexte permet de donner des privilèges en fonction de l'historique. Par exemple, limiter l'accés à un document à deux fois.

## 2.4.2 Modèles d'autorisations positives et négatives

Initialement, les modèles de contrôle d'accès ne permettaient que d'exprimer des autorisations positives (permissions). Récemment, des modèles offrant également la possibilité d'exprimer des autorisations négatives (interdictions) ont été proposés. Combiner des autorisations positives et négatives dans une politique d'autorisation est intéressant pour plusieurs raisons :

- Certaines politiques d'autorisation sont plus faciles à décrire en terme d'interdictions que de permissions. Par exemple, autoriser tous mes amis à accéder à la préparation d'une surprise sauf la personne concernée par la surprise.
- Lorsque la politique d'autorisation doit être mise à jour, il est parfois plus simple d'insérer une interdiction que de supprimer une permission existante.
- La combinaison des permissions et interdictions constitue un moyen simple pour exprimer des règles présentant des exceptions.

## 2.5 La gestion des conflits

### 2.5.1 Les interdictions et les obligations

OrBAC offre la possibilité de spécifier une politique mixte, un privilège correspond à l'expression d'une permission, d'une interdiction ou d'une obligation, le fait de pouvoir exprimer ces trois règles répond à un objectif précis : ne pas limiter la politique de sécurité au simple contrôle d'accès aux objets mais de contrôler également l'usage qui est fait de ces objets. On peut en particulier spécifier que l'accès à certains objets active certaines interdictions ou obligations.

La forme des interdictions et des obligations est la même que celle des permissions, on a ainsi d'une part les relations *Interdiction* et *Est_interdit* et d'autre part les relations *Obligation* et *Est_obligé*. De plus la relation de dérivation entre les permissions abstraites et les permissions concrètes est la même pour les interdictions et les obligations.

Si l'utilisation d'interdictions et d'obligations élargit l'expressivité de la politique de sécurité, il existe une contrepartie. En effet, il peut survenir des conflits entre une permission et une interdiction ou entre une obligation et une interdiction. Pour simplifier, on ne considère ici que les conflits entre les permissions et les interdictions.

### 2.5.2 La politique de gestion des conflits

Dans le modèle OrBAC, on a des autorisations concrètes et des autorisations abstraites. Ainsi, des conflits peuvent apparaître au niveau concret et au niveau abstrait. On pourrait avoir par exemple :
**Est_permis** *(Marc, commenter, poème)* et
**Est_interdit** *(Marc, commenter, poème)*
**Permission** *(propriétaire, Ami, publier, publication)* et
**Interdiction** *(propriétaire, Ami, publier, publication)*

Ainsi, il est possible de détecter et de gérer les conflits au niveau des privilèges concrets, mais aussi au niveau des privilèges abstraits. Le deuxième cas nous intéresse tout particulièrement. En effet, si les conflits sont résolus au niveau abstrait, c'est-à-dire si on a la garantie qu'une politique de sécurité abstraite n'est pas conflictuelle, alors aucun conflit ne pourra apparaître au niveau concret. Ainsi une même politique de sécurité abstraite pourrait être appliquée à des organisations différentes dans des domaines différents tout en ayant la garantie qu'aucun conflit n'est possible.

Afin d'éviter les conflits dans une politique de sécurité utilisant des permissions et des interdictions on introduit des niveaux de priorités dans les règles de sécurité. On appelle *Permission'* et *Interdiction'* les nouvelles relations abstraites ainsi obtenues, et *Est_permis'* et *Est_interdit'* les nouvelles relations concrètes. Elles sont de la forme :

**Permission'** *(Organisation, Rôle, Activité, Vue, Contexte, **Niveau**)*

**Est_permis'** *(Sujet, Action, Objet, **Niveau**)*

Supposons, par exemple, que les niveaux de priorité sont des entiers naturels. Il suffit de choisir correctement les priorités afin d'éviter les conflits. Par exemple :

**Permission** *(propriétaire, Ami, publier, publication, **1**)*

**Interdiction** *(propriétaire, Ami, publier, publication, **0**)* Dans ce cas la permission est prioritaire (1 est la priorité la plus forte).

La *Figure 2.3* présente la démarche générale employée dans le modèle OrBAC pour la gestion des conflits. On a le même schéma pour les interdictions.

La flèche en pointillée représente la règle de dérivation des permissions abstraites en permissions concrètes. Les flèches pleines définissent les trois étapes de dérivation des règles concrètes si on décide de gérer les conflits :

1. Etablir une politique de gestion des conflits, qui doit être indépendante de la politique de sécurité, elle permettra de dériver automatiquement les règles *Permission'* à partir des règles *Permission* et les *Interdiction'* à partir des règles *Interdiction*.

2. Il suffit ensuite de dériver les privilèges *Est_permis'* et *Est_interdit'* à partir des privilèges *Permission'* et *Interdiction'*. La règle de dérivation est la même que celle qu'on a vue. Les autorisations comportent un niveau de priorité qui reste inchangé lors de la dérivation.

3. Enfin les privilèges *Est_permis* sont dérivés des privilèges *Est_permis'* en appliquant la règle suivante :

**Si**     **Est_permis'**(Sujet, Action, Objet, **Niveau**) et

¬ **Est_plus_interdit'**(Sujet, Action, Objet, **Niveau**)

**Alors**  **Est_permis** (Sujet, Action, Objet)

Avec *Est_plus_interdit'* est défini de la façon suivante :

**Si**     **Est_interdit'**(Sujet, Action, Objet, **Niveau'**)

**Niveau** > **Niveau'**

**Alors**  **Est_plus_interdit'**(Sujet, Action, Objet, **Niveau**)

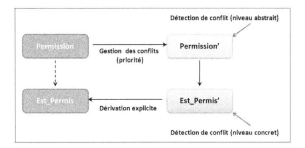

FIGURE 2.3 – La gestion des conflits dans OrBAC

## 2.6 Conclusion

Le modèle OrBAC présente l'originalité de proposer une abstraction des sujets en rôles, mais également des objets en vues et des actions en activités. On obtiens alors une politique de sécurité à deux niveaux. Le niveau organisationnel permet de définir un règlement de sécurité et de modéliser la structure d'une organisation, grâce notamment aux hiérarchies.

La politique de sécurité concrète qui est effectivement mise en oeuvre au niveau du système d'information est déduite de la politique organisationnelle. Ceci nous assure une totale indépendance de la politique de sécurité vis à vis de son implémentation. Ainsi, la politique organisationnelle reste inchangée, et garde alors toutes ses propriétés lorsque des sujets, des actions ou des objets sont ajoutés ou supprimés du système.

Dans le chapitre suivant on va présenter une modélisation OrBAC d'un réseau social, pour remédier aux diférentes limites concernant la préservation de la vie privée de ses utilisateurs.

# Chapitre 3

# La modélisation OrBAC d'un réseau social

## 3.1 Introduction

Le modèle de contrôle d'accès déployé au sein de Facebook est considéré comme plus évolué que ceux offerts par la plupart des autres RS [11]. Il offre une large gamme d'abstractions pour articuler les politiques de contrôle d'accès, notamment celles qui sont basées sur la topologie du graphe social (par exemple, les amis des amis) construit par tous les utilisateurs du système [12]. Mais il présente beaucoup de limites concernant la gestion de confidentialité pour la préservation de la vie privée de ses utilisateurs.

OrBAC nous semble bien approprié pour un RS [13]. Il permet de structurer l'ensemble des sujets (*membre : amis, collègues, famille...*), l'ensemble des objets (*photo, vidéo, nouvelle, article...*) ainsi que l'ensemble des actions (*consulter, commenter, publier, contacter,....*) au sein d'un RS tel que Facebook. Il nous offre la possibilité d'exprimer des autorisations, des interdictions, et des obligations. Comme on a vu, le nouveau concept de contexte peut être utile pour l'organisation des différentes catégories des utilisateurs au sein des réseaux sociaux d'une manière dynamique (*modification des rôles suivant les contextes, ce qui rend la gestion de nos relations très souple*). OrBAC prend en compte toute mise à jour des éléments en relation avec la sécurité, il permet de réaliser un bon compromis entre le respect du moindre privilège et la flexibilité.

## 3.2 L'organisation

L'organisation est l'entité centrale dans le modèle OrBAC. Dans un RS, on peut considérer les organisations suivantes : le réseau social comme une entreprise, le fournisseur d'accès, le propriétaire du compte, les membres d'un RS.

Une organisation peut être vue comme un groupe structuré d'entités actives, c'est-à-dire de sujets jouant certains rôles. Notons qu'un groupe de sujets n'est pas nécessairement considéré comme une organisation. Autrement dit, le fait que chaque sujet joue un rôle dans l'organisation correspond à un certain accord entre les sujets pour former une organisation.

L'organisation peut être structurée en plusieurs sous organisations qui ont chacune leur propre politique de sécurité. Il est également possible de spécifier une politique de sécurité générique au niveau d'une organisation mère. Ses sous organisations qui la composent permettent ainsi de faciliter l'administration de la politique de sécurité.

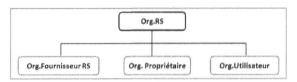

FIGURE 3.1 – Hiérarchie d'organisation.

## 3.3 Les sujets et les rôles

L'entité *Sujet* est utilisée différemment selon les modèles de sécurité. Dans le modèle OrBAC, un sujet peut être soit une entité active, c'est-à-dire un utilisateur, soit une organisation. L'entité *Rôle* est utilisée pour structurer le lien entre les sujets et les organisations.

Les sujets au sein d'un RS correspondent à des utilisateurs de ce réseau. L'attribution des droits d'accès à ces sujets se fait par le biais de la structuration en rôles. Les sujets se voient attribuer des droits d'accès aux publications partagées par un propriétaire d'un compte RS, en jouant des rôles. Un rôle correspond à un profil de règles de contrôle d'accès et n'a de sens que dans l'organisation où il a été défini. Le tableau suivant (*cf.* table 3.1) résume l'ensemble des rôles qui ont pu être identifiés, leur affectation aux utilisateurs du

RS et les organisations auxquelles ils se rattachent (voir la notion de pertinence dans [14]).

A titre d'exemple, l'organisation pertinente (de rattachement) *Org.Utilisateur* représente le domaine de définition des rôles : *Membre RS, Ami, Contact, Ami d'ami et Famille*,
c'est elle qui permet d'habiliter les sujets dans ces différents rôles.

| Rôles | Sujets | Organisation pertinente | | | |
|---|---|---|---|---|---|
| | | Org.RS | Org. FournisseurRS | Org. Propriétaire | Org. Utilisateur |
| Fournisseur | Fournisseur d'accès au RS | | ✓ | | |
| Propriétaire | Le propriétaire du compte | | | ✓ | |
| Contact | L'ensemble de Connaissances | | | | ✓ |
| Amis | Les amis | | | | ✓ |
| Famille | Frères et sœurs et parents | | | | ✓ |
| Ami d'ami | Voisinage | | | | ✓ |
| Réseau | Collègues d'étude, travail | ✓ | | | |
| Membre RS | Inscrits au RS | | | | ✓ |

TABLE 3.1 – Identification des rôles dans un RS

Une hiérarchie des rôles a été définie dans la *Figure 3.2.* pour permettre l'héritage des
différentes permissions et interdictions.

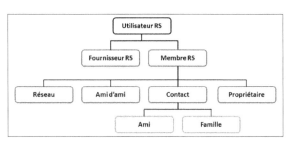

FIGURE 3.2 – Hiérarchie des rôles.

## 3.4 Les vues et les objets

Un compte RS comporte de nombreuses informations. Comme on l'a vu auparavant, la gestion de la politique de sécurité est simplifiée lorsqu'on structure les éléments que l'on manipule en les abstrayant. Dans OrBAC, les documents sont modélisés sous forme d'objets qui sont regroupés dans des vues. Cette abstraction des objets en vues permet de diminuer le nombre de règles à définir dans la politique de sécurité à l'image de l'apport de la structuration des sujets en rôles. Une vue correspond, comme dans les bases de données relationnelles, à un ensemble d'objets qui satisfont une propriété commune. La *Figure 3.3* ainsi que le tableau (*cf.* table 3.2) montre les vues et les sous vues d'un compte RS.

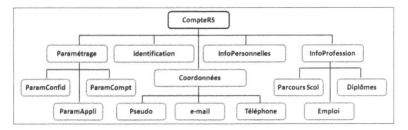

FIGURE 3.3 – Vues et objets dans un RS.

| Vue | Sous vues | Objet |
|---|---|---|
| V.CompteRS | V.Paramétrage | Droits d'accès autorisés par le propriétaire |
| | | Paramètres du compte |
| | | Paramètres de confidentialité |
| | | Paramètres des applications |
| | V.Identification | Informations d'identification du propriétaire |
| | V.InfoCompte | Nom utilisateur |
| | | Réseaux |
| | | Notifications |
| | | Langue |
| | V.InfoPersonnelle | Nom et prénom |
| | | Date de naissance |
| | | Sexe |
| | | Famille et relations |
| | V.InfoProfessionnelle | Parcours scolaire |
| | | Diplômes et formations |
| | | Emploi |
| | | Postes occupés |
| | V.Photos | |
| | V.Vidéos | |
| | V.Mur | |
| | V.Publications | |
| | V.Coordonnées | Pseudo |
| | | Messagerie instantanée |
| | | Téléphone |
| | | e-mail |
| | | Site web |
| | | Adresse actuelle |

TABLE 3.2 – Vues de la modélisation d'un compte RS

## 3.5   Les actions et les activités

Les activités correspondent aux divers services offerts par le réseau social à ses utilisateurs. Il doit leur permettre, entre autres, de : créer un compte utilisateur (Act.CréerCompte), publier des photos et des vidéos (Act.Publier), rechercher un ami (Act.Rechercher), gérer la confidentialité des informations personnelles et professionnelles (Act.GérerConfidentialité). Ces différentes activités sont implantées par des actions concrètes. Ainsi, l'activité Act.Publie est une abstraction des actions : ajouter, transformer, remplacer, archiver et notifier. La structuration des actions est donnée par le schéma de hiérarchie d'activité dans la *Figure 3.3*.

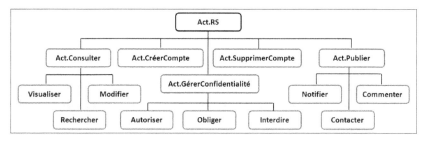

FIGURE 3.4 – Hiérarchie d'activité.

Comme on le voit dans le tableau suivant (*cf.* table 3.3) non exhaustif, des activités et des actions réalisables au sein d'un réseau social.

| Activités | Actions associées |
|---|---|
| Consulter | Visualiser |
| | Modifier |
| | Rechercher |
| Gérer Confidentialité | Autoriser |
| | Interdire |
| | Recommander |
| | Obliger |
| Publier | Notifier |
| | Ajouter |
| | Commenter |
| | Archiver |
| | Contacter |
| Créer Compte | Choisir login |
| | Choisir mot de passe |
| | Introduire informations |
| Supprimer Compte | |

TABLE 3.3 – Les activités au sein d'un réseau social

## 3.6   Les contextes

Dans le cadre de la gestion de la confidentialité et de l'intégrité des informations partagées des utilisateurs, la modélisation OrBAC permet d'identifier plusieurs contextes d'attribution des droits d'accès aux différentes publications à travers les interactions entre les utilisateurs au sein d'un RS. On peut distinguer les contextes suivants :

- **Contextes de type prérequis** : Leur utilisation permet de contraindre les sujets concernés par les permissions ou les interdictions dépendant de ces contextes et qui viennent réduire ou étendre les droits d'accès hérités du rôle associé. Dans une modélisation OrBAC, on définit toujours un contexte par défaut.

- **Contextes de type déclarés par l'utilisateur** : Ce type de contexte est activé, par le propriétaire du compte RS, dans le cas où il veut partager une nouvelle avec ses amis et les membres de son réseau professionnel (qui ne sont pas forcément ses amis). Dans ce cas, ces derniers seront habilités afin de récupérer les droits d'accès appropriés (consultation, commentaire, partage...etc). Dans ces cas exceptionnels, des permissions peuvent être données alors qu'elles seraient interdites dans un cas normal.

- **Contextes de type temporel** : ce sont des contextes régissant la durée de validité des droits d'accès à une publication partagée.

## 3.7   Les prédicats d'OrBAC

Les prédicats utilisés dans OrBAC sont récapitulés dans les tables suivantes.

| Prédicat | Domaine | Description |
|---|---|---|
| Rôle_approprié | Org*Rôle | Si **org** est une organisation et **r** un rôle, alors *Rôle_ approprié(org,r)* signifie que le rôle **r** est défini dans l'organisation **org**. |
| Activité_appropriée | Org*Activité | Si **org** est une organisation et **a** une activité, alors *Activité_ appropriée(org,a)* signifie que l'activité **a** est définie dans l'organisation **org**. |
| Vue_appropriée | Org*Vue | Si **org** est une organisation et **v** une vue, alors *Vue_ appropriée(org,v)* signifie que la vue **v** est définie dans l'organisation **org**. |

TABLE 3.4 – Les predicats liés à l'affectation des entités abstraites aux organisations

| Prédicat | Domaine | Description |
|----------|---------|-------------|
| Habilite | Org*Sujet*Rôle | Si **org** est une organisation, **s** un sujet et **r** un rôle, alors **Habilite**(org, s, r) signifie que l'organisation **org** habilite le sujet **s** dans le rôle **r**. |
| Considère | Org*Action*Activité | Si **org** est une organisation, **A** une action et **a** une activité, alors **Considère**(org, A, a) signifie que l'organisation **org** considére l'action **A** comme faisant partie de l'activité **a**. |
| Utilise | Org*Objet*Vue | Si **org** est une organisation, **o** un objet et **v** une vue, alors **Utilise**(org, o, v) signifie que l'organisation **org** utilise l'objet **o** dans la vue **v**. |

TABLE 3.5 – Les predicats liés aux relation d'abstraction

| Prédicat | Domaine | Description |
|----------|---------|-------------|
| Définit | Org*Sujet*Action *Objet*Contexte | Si **org** est une organisation, **s** un sujet, **A** une action, **o** un objet et **c** un contexte, alors **Définit**(org, s, A, o, c) signifie que dans l'organisation **org**, le contexte **c** est défini pour le sujet **s**,l'action **A** et l'objet **o**. |

TABLE 3.6 – Les predicats liés au définition des contextes

Le modèle OrBAC permet la spécification de règles de sécurité de type interdiction et gère, au niveau abstrait, les conflits qui peuvent en dériver. Dans OrBAC, les permissions et interdictions concrètes sont dérivées de façon automatique conformément à la règle suivante :

$\forall$ Organisation $\in \mathcal{O}, \forall$ Rôle $\in \mathcal{R}, \forall$ Activité $\in \mathcal{A}, \forall$ Vue $\in \mathcal{V}, \forall$ Contexte $\in \mathcal{C}$,
$\forall$ Sujet $\in \mathcal{S}, \forall$ Action$\in \mathcal{A}, \forall$ Objet $\in O$,
**Autorisation** (Organisation, Rôle, Activité, Vue, Contexte) $\wedge$
**Habilite** (Organisation, Sujet, Rôle) $\wedge$
**Considère** (Organisation, Action, Activité) $\wedge$
**Utilise** (Organisation, Objet, Vue) $\wedge$
**Définit** (Organisation, Sujet, Action, Objet, Contexte)
$\leftarrow$ **Est_autorisé**(Sujet, Action, Objet)

Où *Autorisation* a été mis pour signifier une *Permission* (resp. une *Interdiction*) et *Est_autorisé* pour *Est_permis* (resp. *Est_interdit*).

# 3.8 Exemple de politique de sécurité

## 3.8.1 Les sujets et les rôles

Dans cette section on montre comment exprimer un exemple simple de politique de sécurité au sein d'un RS. Dans cet exemple, on considére les organisations suivantes le réseau social, le fournisseur d'accès (Fournisseur), le propriétaire du compte (Propriétaire) et les membres de RS (*Figure 3.4*). Supposons que le propriétaire du compte habilite plusieurs sujets (contacts) : Marc et Joe dans le rôle d'un ami, Moe dans le rôle d'un collègue d'étude, Tarik (frère) qui joue le rôle Famille.

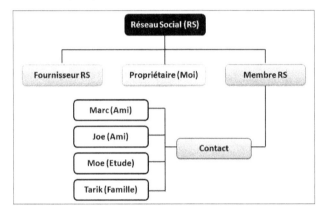

FIGURE 3.5 – Exemple d'organisation.

Dans OrBAC ces faits sont représentés par des instances de la relation *Habilite* :
**Habilite***(Propriétaire, Marc, Ami)*.
**Habilite***(Propriétaire, Joe, Ami)*.
**Habilite***(Propriétaire, Moe, Etude)*.
**Habilite***(Propriétaire, Tarik, Famille)*.

## 3.8.2 Les objets et les vues

Considérons les objets appartenant aux vues suivantes : Info_Personnelle, Publication, Photos :
- **Info_Personnelle** : Les objets qui appartiennent à cette vue fournissent des informations personnelles concernant les membre de RS comme le nom, le prénom,

l'âge,...etc,

- **Publication** : Cette vue correspond aux différents fichiers (vidéo, musique, article) et documents qu'on peut publier dans notre espace personnel ou au sein d'un autre profil (ami par exemple).

- **Photo** : Cette vue correspond aux albums photos de l'utilisateur (photos personnelles, famille, amis)

Nous supposons que les objets appartenant à ces vues ont un attribut *Nom*. Ainsi, *Thèse* est une publication. Nous supposons également que les publications sont directement gérées par le propriétaire du compte Ceci se traduit avec OrBAC par des faits de la forme :

**Utilise**(*Propriétaire, thèse, Publication*),

**Utilise**(*Propriétaire, date de naissance, Info_Personnelle*),

**Utilise**(*Propriétaire, foto01, Photo*).

## 3.8.3 Les activités et les actions

On ne considère ici que les activités correspondant à des accès directs aux publications, c-à-d, Créer, Consulter, Modifier et Commenter, etc. Si nous supposons que les dossiers sont gérés par le propriétaire dans son espace personnel, ces activités correspondent respectivement aux actions insert, select, update, comment, etc. Ceci est représenté par les trois faits suivants :

**Considère**(*Propriétaire, insert, Créer*),

**Considère**(*Propriétaire, select, Consulter*),

**Considère**(*Propriétaire, update, Modifier*),

**Considère**(*Propriétaire, comment, Commenter*).

## 3.8.4 Expression des privilèges

On définit ci-après quelques permissions sur la hiérarchie d'organisations existantes :

**Permission**(*Propriétaire, Ami, Consulter, Publication, default*) : Ce qui traduit la règle de sécurité suivante : dans l'organisation Propriétaire, un utilisateur d'un réseau social jouant le rôle d'ami a la permission de consulter les publications faites par le propriétaire du profil.

- **Permission**(*Propriétaire, propréitaire, Modifier, Info_Personnelle, default*) ;
- **Permission**(*RS, Fournisseur, SupprimerCompte, CompteRS, default*) ;
- **Permission**(*Propriétaire, Contact, Publier, Mur, default*) ;

- **Permission***(Propriétaire, Ami, Consulter, Infos professionnelles, default)* ;
- **Permission***(Propriétaire, Famille, Consulter, Photo, default)* ;
- **Permission***(Propriétaire, Etude, Consulter, Publication , default)* ;

**Dérivation à partir des hiérarchies et de l'héritage**

- **Permission***(Propriétaire, Contact, Consulter, Publication, default)*
- **Permission***(Propriétaire, Etude, Consulter, Publication, default)*

**Dérivation des permissions concrètes à partir des permissions abstraites**

**Habilite** *(Propriétaire, Marc, Ami)*,

**Utilise** *(Propriétaire, article , Publication)*,

**Considère** *(Propriétaire, lire, Consulter)*,

**Permission** *(Propriétaire, Ami, Consulter, Publication, default)*,

**Est_permis** *(Marc, lire, article)*.

**Définition et gestion des priorités**

Exemple de stratégies avec priorité pour la résolution des conflits issus de la combinaison des permissions et interdictions pour l'expression des exceptions.

- *Stratégie* : les interdictions l'emportent sur les permissions
- *Deux niveaux de priorité* : **0** et **1** avec **0** < **1**
- Les interdictions ont la priorité **1** (*1 plus prioritaire que 0*) et les permissions ont la priorité **0**
- Stratégie très simpliste dans la pratique

on considère l'exemple suivant : Par exemple, autoriser tous mes amis à accéder à la préparation d'une surprise sauf la personne concernée (Marc) par la surprise.

- **Permission** *(Propriétaire, Ami, Consulter, Publication, 0)*,
- **Interdiction** *(Propriétaire, Ami, Consulter, Publication, 1)*,
- **Est_interdit** *(Marc, lire, article)*

tous les amis auront accès à la lecture de l'article sauf Marc.

## 3.8.5   Expression des contextes

**Le contexte Commentaire-d'un-ami**

Ce contexte est de type prérequis, dans une suite de commentaires sur une publication, on peut autoriser l'accès aux commentaires indépendamment de la publication, on peut protéger explicitement l'association entre une image et un commentaire sur cette image, en autorisant l'accès par exemple aux amis, mais sans dévoiler les commentaires faits par des auteurs qui ne sont pas leurs amis.

**Permission** *(Propriétaire, Ami, Commenter, Publication, défaut)*,

**Permission** *(Propriétaire, Ami, Consulter, Commentaire, Commentaire_ d'un_ ami)*,
$\forall s \forall o \forall a$, *Commentaire-Ami(o, s) $\wedge$ Ami(s) $\wedge$ Commentaire (o) $\wedge$ Consulter(a)*,
→ **Définit** *(Propriétaire, s, a, o, Commentaire_ d'un_ ami)*,

Au sein de l'organisation *Propriétaire*, le contexte *Commentaire_ d'un_ ami* est vrai entre le sujet **s**, l'action **a** et l' objet **o**, si et seulement si **s** joue le rôle Ami et si **o** est un commentaire fait par un ami de propriétaire correspondant à un ami du sujet **s**.

### Le contexte cérémonie

Ce contexte est de type déclaré par l'utilisateur, il est activé, par le propriétaire du compte RS, s'il veut que ses amis participent à la préparation d'une cérémonie familiale. Dans ce cas, ces derniers (Amis) seront habilités dans le contexte *Cérémonie*, d'un ensemble de privilèges du rôle (Famille), afin de récupérer les droits d'accès appropriés.

### Le contexte defaut
*Organisation(org) $\wedge$ Sujet(s) $\wedge$ Action(a) $\wedge$ Objet(o)*
→ **Définit** *(org, s, a, o, defaut)*,

## 3.9 Conclusion

Dans ce chapitre, on a fait une modélisation OrBAC d'un réseau social : on a illustré les différentes entités ; à savoir, les organisations, les vues et les objets, les rôles et les sujets, les activités et les actions, puis on a défini les prédicats utilisés dans le formalisme OrBAC, et on a présenté vers la fin un exemple d'une politique de sécurité.

Le chapitre suivant est consacré à la notion de l'utilisabilité au sein d'un réseau social.

Chapitre 4

# L'utilisabilité au sein d'un RS

## 4.1  Introduction

Au sein d'un RS, on a beaucoup de difficulté à utiliser les fonctions de gestion de confidentialité. En s'appuyant sur les critères d'ergonomie de Bastien et Scapin [15], les principales critiques d'ergonomie que l'on peut émettre sont au niveau de la charge de travail et de la signifiance des codes et dénominations. En effet, les différents réglages proposés sont très nombreux et leurs effets sont difficiles à comprendre par l'utilisateur, surtout s'il n'est pas très au fait des notions de confidentialité. Une troisième carence concerne l'adaptabilité à l'expérience de l'utilisateur, notamment du novice.

Comme l'utilisateur ne maîtrise pas assez ces nouveaux outils, il apprend trop souvent à s'en servir à ses dépens. Par exemple, même quand l'outil est paramétrable, la configuration par défaut favorise souvent une diffusion très large des données, si bien que des informations devant rester dans la sphère privée se retrouvent souvent exposées à tous sur Internet. Plusieurs études [16][17][18] confirment que la majorité des utilisateurs de RS gardent la configuration par défaut, pour les différents paramètres de confidentialité.

# 4.2 Le contrôle d'accès aux informations de profil

## 4.2.1 Profil réduit dans le contexte professionnel

On peut définir un contexte professionnel, dans lequel un utilisateur RS peut personnaliser complètement son profil au niveau de l'accès aux informations personnelles (coordonnées, albums photos, groupes) en tant que profil professionnel *Figure 4.1*. Et comme ça les contacts professionnels (collègues de travail) auront l'accès à ce profil uniquement, ainsi que les différentes correspondances et interactions (les commentaires d'une nouvelle, marquage d'une photos ...etc ) avec ces utilisateurs seront spécifiques à ce contexte.

Etant donné que les réseaux peuvent contenir des centaines de personnes (et qu'on a aucun contrôle sur qui rejoint le réseau), On voit bien dans la *Figure 4.1*, qu'il est déconseillé d'autoriser le rôle *Réseau* à accéder aux informations personnelles.

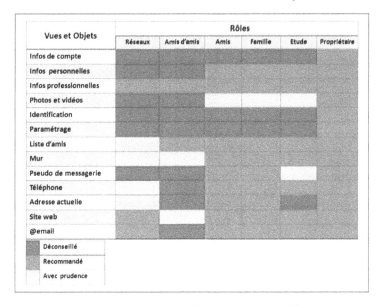

FIGURE 4.1 – Profil professionnel pour un RS.

### 4.2.2 Profil dans le contexte novice

Il convient d'offrir par défaut un réglage type (*Figure 4.2*) pour les différents paramètres qui soit très protecteur envers l'utilisateur novice : après apprentissage de la vie en RS, celui-ci pourra opter pour un autre réglage.

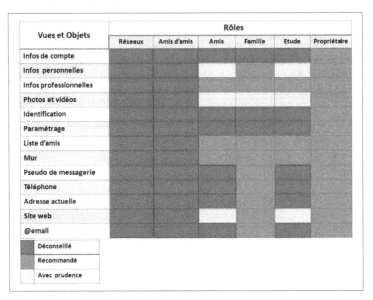

FIGURE 4.2 – Profil réduit pour un RS.

## 4.3 Le contrôle d'accès aux informations composites

Dans la vie réelle, les sphères personnelles, familiales, professionnelles, amicales se croisent et se complètent afin de définir notre identité. Et donc, selon la sphère dans laquelle nous nous trouvons, nous ne partageons pas les mêmes informations et nous ne réagissons pas de la même manière vis-à-vis les membres qui la composent. Les réseaux sociaux n'offrent pas suffisamment de possibilités de filtrage qui permettrait de structurer et spécialiser les membres selon les sphères de connaissance, mais avec OrBAC, on peut assurer cette option de filtrage en utilisant les interdictions, et les contextes.

## 4.3.1  Gérer une suite de commentaires

Dans la gestion des informations interdépendantes, on peut citer à titre d'exemple, une suite de commentaires sur une publication partagée. On peut contrôler l'accès aux commentaires indépendamment de la publication (protéger la relation entre une photo et un commentaire fait sur cette photo), en autorisant à un ami d'accéder seulement aux commentaires de ses amis.

## 4.3.2  Gestion dynamique des listes des contacts

Le modèle de contrôle d'accès déployé au sein de Facebook , propose d'associer à chaque action, une liste d'utilisateurs qui sont autorisés, ce qui rend cette politique de sécurité, une politique fermée (tout ce qui n'est pas permis est interdit), qui ne permet pas d'exprimer des exceptions, et les contacts sont structurés sous forme des listes figées (listes disjointes, ou bien des listes chevauchées).

OrBAC permet de structurer l'ensemble des sujets (les utilisateurs), au lieu de construire des listes statiques on peut faire des filtrages sur la même liste (par exemple liste des contacts), à l'aide des contextes de type prérequis, on va contraindre les sujets concernés par les permissions ou les interdictions de ces contextes et qui vient réduire ou étendre les droits d'accès hérités du rôle associé (Contact), ainsi on peut avoir une politique mixte qui n'est pas fermée et qui n'est pas totalement ouverte. Une politique est dite ouverte si tout ce qui n'est pas interdit est permis.

## 4.3.3  Contrôler l'accès à nos publications sur un autre compte RS

Avec OrBAC, en utilisant le privilège d'interdiction et les règles de gestion des conflits, on peut Contrôler les contributions (commentaires, publication) apportées sur un autre profil (le mur d'un contact), la *Figure 4.3* représente un exemple d'un graphe social (amis). Voici les règles de sécurité suivantes :
  - Reda, Tarik et Mari sont des amis de Sami.
  - Tarik et Katia sont des amis de Mari.
  - Sami autorise ses amis à publier et à consulter les publications sur le mur de son compte.
  - Mari publie une photo (*foto1*) sur la page de Sami.

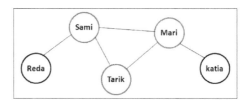

FIGURE 4.3 – Exemple d'un graphe social.

– Mari autorise seulement ses amis qui sont aussi des amis de sami à consulter la
photo *(foto1)* qui a publié sur la page de Sami.
On aura les privilèges suivants :
  – **Habilite** *(Sami, Mari, Ami)*,
  – **Habilite** *(Sami, Reda, Ami)*,
  – **Habilite** *(Sami, Tarik, Ami)*,
  – **Permission** *(Sami, Ami, Publier, Publication, default)*,
  – **Permission** *(Sami, Ami, Consulter, Publication, default)*,
  – **Est_permis** *(Mari, voir, foto1 )*.
  – **Est_permis** *(Reda, voir, foto1 )*.
  – **Est_permis** *(Tarik, voir, foto1 )*.

  – **Habilite** *(Mari, Sami, Ami)*,
  – **Habilite** *(Mari, Tarik, Ami)*,
  – **Permission** *(Mari, Ami, Consulter, Publication, default)*,
  – **Est_permis** *(Sami, voir, foto1 )*.
  – **Est_permis** *(Tarik, voir, foto1 )*. Et d'une manière implicite, on aura :
  – **Est_interdit** *(Reda, voir, foto1 )*.

Alors ces deux privilèges sont conflictuels :
  – **Est_permis** *(Reda, voir, foto1 )*.
  – **Est_interdit** *(Reda, voir, foto1 )*.
Supposant que l'interdiction est prioritaire, alors on obtient : juste les amis de Sami
qui sont en commun avec ceux de Mari qui peuvent voir la *foto1* (on trouve seulement
Tarik).

## 4.4 La délégation pour un travail collaboratif au sein d'un RS

Au sein d'un RS, la délégation sera utile dans le cas du travail en collaboration, si on souhaite que notre partenaire puisse consulter la documentation que l'on possède sur un projet donné, il faut lui en donner l'autorisation : parmi tous mes collègues de la formation, je vais déléguer juste mon binôme pour accéder à toute la documentation concernant notre projet.

Il faut tout d'abord distinguer les délégations temporaires ou permanentes. En effet, on peut souhaiter qu'un utilisateur ait de façon permanente un droit, afin de ne pas à avoir à renouveler sans cesse ce droit. De plus, la délégation peut être simple (personne unique) ou multiple (plusieurs personnes).

## 4.5 Conclusion

On a évoqué dans ce chapitre quelques cas d'utilisabilité relatifs au modèle Orbac, on a parlé de l'amélioration de l'ergonomie avec des réglages types, à savoir, profil professionnel et profil réduit pour un novice.

# Conclusion générale et perspectives

L ES réseaux sociaux sont des services en ligne, qui permettent à un internaute de partager des informations personnelles et professionnelles, et d'interagir plus ou moins étroitement avec d'autres internautes selon leur degré de proximité. Ces services hébergent de plus en plus de données, la croissance est exponentielle. Ce qui rend la gestion de la confidentialité de ces informations partagées très difficile.

Notre objectif était d'améliorer l'outillage de gestion de la confidentialité dans les réseaux sociaux. L'amélioration pourra résider dans l'expressivité, ainsi que dans les recommandations ergonomiques et l'adaptabilité au profil de l'utilisateur (de novice à l'expert).

Pour atteindre cet objectif, on a commencé par la présentation des modèles de contrôle d'accès de base, à savoir les modèles : DAC, MAC et RBAC, leurs avantages ainsi que leurs lacunes, on a présenté par la suite, le modèle OrBAC, on a essayé de mettre en lumière les différents apports concernant l'expressivité, puis on a exprimé une politique de sécurité dans un réseau social en utilisant le formalisme OrBAC, qui nous a permis de dérouler les divers aspects de ce formalisme sur un cas concret. Vers la fin, on a parlé de l'utilisabilité au sein d'un réseau social et ça avec la présentation de quelques profils types.

L'adaptation de cette approche pour un réseau social permettra, non seulement de finaliser cette étude mais aussi de l'étendre sur un ensemble de réseaux sociaux dans le cadre d'une politique de sécurité réseau globale. Le modèle OrBAC favorise cela à travers PolyOrbac.

PolyOrBAC gére la collaboration entre les organisations grâce à la technologie des services Web, tout en contrôlant que les interactions entre ces organisations sont conformes à leurs attentes et à leurs politiques internes spécifiées grâce à OrBAC. Il offre une architecture et une gestion décentralisée des politiques de contrôle accès. Une fois la définition finalisée, la mise en œuvre de cette politique de sécurité est facilitée par l'utilisation du prototype MotOrBAC qui est un outil d'administration et de simulation des politiques de sécurité.

# Bibliographie

[1] B. Lampson. Protection. in *5th Princeton Symposium on Information Sciences and Systems*, 1971.

[2] L.Seitz, *Conception et mise en œuvre de mécanismes sécurises d'échange de données Confidentielles ; application à la gestion de données biomédicales dans le cadre d'architectures de grilles de calcul/données*, thèse de doctorat, L'Institut National des Sciences Appliquées de Lyon, Juillet 2005.

[3] D. E. Bell et L. J. Lapadula, *Secure computer systems : Unified exposition and multics interpretation.* Technical Report ESD -TR - 73 -306.

[4] A.Abou El Kalam, R.El Baida, P.Balbiani, S.Benferhat, F.Cuppens, Y.Deswart, A.Miège, C.Saurel and G.Trouessin ;*Organisation Based Access Control. IEEE 4th International Workshop on Policies for Distributed Systems and Networks (Policy 2003)*, Lake Come, Italy, Juin 4 - 6, 2003.

[5] R.S. Sandhu, E.J. Coyne, H.L. Feinstein, and C.E. Youman. *Role-Based Access Control Model.* COMPUTER, pages 38 - 47, 1996.

[6] D.F Ferraiolo, R. Sandhu, S. Gavrila, D.R. Kuhn, R. Chandramouli, *Proposed NIST Standard for Role-Based Access Control*, ACM Transactions on Information and System Security, vol. 4, août2001, p. 224-274.

[7] A.Abou El Kalam, R.El Baida, P.Balbiani, S.Benferhat, F.Cuppens, Y.Deswart, A.Miège, C.Saurel and G.Trouessin ;Organisation Based Access Control. *IEEE 4th International Workshop on Policies for Distributed Systems and Networks (Policy 2003)*, Lake Come, Italy, Juin 4 - 6, 2003.

[8] Frédéric Cuppens, Alexandre Miège ; *Or-BAC, Organization Based Access Control*, Journées Druide, Le Croisic, Mai 2004.

[9] Frédéric Cuppens, Nora Cuppens-Boulahia, and Céline Coma. MotOr-BAC : un outil d'administration et de simulation de politiques de sécurité. In *1st joint conference on security in network architectures and security of information systems (SAR-SSI'06)*, Seignosse, Landes, France, june 6-9 2006.

36

[10] F.Cuppens and A.Miège, Modelling contexts in the Or-BAC model, *19th Annual Computer Security Applications Conference*, Las Vegas, December, 2003

[11] Fong P.W.L, Anwar.M, Zhao.Z. : A privacy preservation model for Facebook- style social network systems. In : *Proceedings of the 14th European Symposium on Research in Computer Security (ESORICS09)*, Saint Malo, France (September 2009).

[12] Anwar.M, Fong P.W.L, Yang X.D, Hamilton.H : Visualizing Privacy Implications of Access Control Policies in *Social Network Systems, Technical Report 2009-927-06, University of Calgary* (Mai 2009).

[13] T. Bellal, E. Cousin, F. Cuppens, N. Cuppens - Expression d'une politique de sécurité dans un réseau social (Etude bibliographique) - Rapport, IRISA, Février 2010

[14] F. Cuppens, Nora Cuppens-Boulahia and A. Miège, Inheritance hierarchies in the Or-BAC Model and application in a network environment *Foundations of Computer Security (FCS'04)*, Turku, Finland, July 12-13, 2004.

[15] Bastien, J.M.C., Scapin, D., Ergonomic Criteria for the Evaluation of Human-Computer interfaces. Institut National de recherche en informatique et en automatique, France, 1993.

[16] Gross, R. Acquisti, A. - Information revelation and privacy in online social networks,*Proceedings of the 2005 ACM workshop on Privacy in the electronic society* (2005)

[17] B . Krishnamurthy, C.E. Wills, Characterizing privacy in online social networks, *Proc of the first workshop on online social networks, ACM/SIGCOM*, 2008.

[18] H.R. Lipford, A. Besmer, J. Watson - Understanding privacy settings in Facebook with an audience view, *proc of the first conf on Usability, Psychology and Security*, 2008.

www.ingramcontent.com/pod-product-compliance
Lightning Source LLC
LaVergne TN
LVHW042351060326
832902LV00006B/543